AF219633

maiblüten

aphorismen | lyrik | poesie

Janne Dora Borchers

Bibliografische Information der Deutschen Nationalbibliothek:
Die Deutsche Nationalbibliothek verzeichnet diese Publikation
in der Deutschen Nationalbibliografie; detaillierte bibliografi-
sche Daten sind im Internet über dnb.dnd.de abrufbar.

Herstellung und Verlag:
BoD – Books on Demand, Norderstedt

ISBN: 978-3-75627-385-0

Für meine Eltern.
Für Oma und Opa.
Für Erik.
Für Max.

Weil diese Liebe ewig ist.

Über die Autorin

Das Schreiben ist für mich wie Konturen zu zeichnen. Konturen beschreiben nie etwas in Gänze. Sie füllen nicht aus, sie umreißen lediglich. Aber sie begrenzen und schaffen Struktur. Und genau darum ist mir das Schreiben so wichtig: Indem ich mit Worten Momente skizziere, ordne ich meinen Alltag und das, was ich fühle. Das schmerzt manchmal, es kann auch mal verwirren – aber vor allem tut es wahnsinnig gut.

Mehr oder weniger spontan wurde aus einem Tagebucheintrag mein erstes Gedicht. Vielleicht war es einfach an der Zeit. Und nun schreibe ich, wenn die Tage zu bunt, die Listen zu lang, der Regen zu laut oder das Glück zu überwältigend sind. Kurz gesagt: Wenn der Alltag etwas Besonderes zum Verarbeiten oder Tagträumen bereithält.

Dieses Buch ist entstanden aus Spaß an der Freude, das, was mich bewegt, zu teilen. Einfach sehen, wohin das führt. Sehen, ob sich jemand in jenen Gedanken wiederfindet, in denen ich mich – teilweise sehr gerne – verliere.

Und nun bin ich Hobbypoetin. Irgendwie.

Die Idee zum Titel „Maiblüten" kam mir bei einem Blick in den Kalender. Mir wurde bewusst, dass der Mai bei uns ein lauer Monat im Frühling ist, in dem die Welt vollends aus dem Winterschlaf erwacht und aufgeblüht ist. Auf der Südhalbkugel ist der Mai ein Monat am Ende des Herbstes, im Übergang zum Winter. Und irgendwie ist ja auch jeder von uns ... beides. Frühjahr und Herbst in einem. Mal voller Frühlingsgefühle, mal gezeichnet vom Novemberblues. Und genau so sind auch meine Texte mal träumerisch-blumig, mal nachdenklich-melancholisch.

Danke, dass Du dieses Buch in Deinen Händen hältst. Ich wünsche Dir viel Freude beim Eintauchen in meine und vielleicht auch Deine Gedanken.

Janne

www.maiblueten.de
Instagram @mai_blueten

Unsere Straßen

Ich geh so gern
durch unsere Straßen,
schaue in die
hell erleuchteten Fenster mit
so viel Leben und Liebe im Licht.

Ich schlendre so gern
durch unsere Gassen,
schließe die Augen
und spüre den Wind,
lausche den Stimmen,
dem gellenden Lachen.

Ich schleiche mal
durch die dunklen Winkel.
Sie sind mir fast fremd,
ich kann sie mir nicht erklären.
Fühl mich einsam
und finde keinen Weg.

Doch was ich weiß, ist:
Die hellen Straßen
würden nicht leuchten,
wenn diese grauen Ecken
nicht wären.

Wir sind unsere Stadt
mit all ihren Winkeln.
Wir sind unser Haus
mit all seinen Zimmern.

Wir sind uns ein Zuhause.

Endegelände

Rohes Pflaster, raue Luft.
Vereinzeltes Leben, wie aufblitzend.
Abgestuftes Grau in fünfzig Nuancen,
Glas. Stein. Beton. Wüste.

Gedankenkarussel. Aussteigen.
Passierschein Endstation.
Freier Fall durch dreißig Etappen
ohrenbetäubender Lebendigkeit.
Glas. Stein. Beton. Stille.

Bitte gießen

Ich bin wie eine Blume,
die sich an der Hoffnung nährt.
Meinen Durst stille ich
an der geringen Wahrscheinlichkeit,
dass all die zweideutigen Momente
tatsächlich etwas bedeuten könnten.

Bannbrechend

Der Regen strömt aufs Autodach.
Wolken brechen.
Tosend laut.
Du willst noch nicht aussteigen.
Und ich erst recht nicht.
Aber nicht wegen des Regens.

Du schließt die Augen,
die Zeit schwebt antriebslos.
Ich betrachte, wie du dasitzt.
Deine scheinbar reglose Silhouette
im Seitenprofil.

Die Spannung fast greifbar.
Und du zum Greifen nahe.
Breche Tabus.
Ganz still.

Kurzstreckenflug

Es gibt manche Songs,
die sind wie Wolke 6
oder 8.
Du schließt die Augen
und schwebst schwerelos
auf ihnen auf und davon.

Smallgetalkt

Ich weiß, was Small Talk heißt.
Und vielleicht bedeutet es
auch noch „kleinreden".

Und zwar jene machtvolle Themen,
über die am meisten es sich
gemeinsam zu fantasieren
und zu fachsimpeln lohnt.

Durch oberflächliches Dahergerede
über Regen und volle Busse
wird Zählendes klein, ganz klein,
aktiv durch Banalitäten erdrückt.

Bade-Poesie

Und dann gibt es da diesen einen
entspannten Moment
in der Badewanne,
in dem sich all die Puzzleteile,
die sich ein Teil
deiner selbst nennen,
langsam wieder zusammenfügen.

Zu wenig

Es tut mir leid,
wenn ich falsch lag.
Ich fühl mich schlecht,
wenn ich nichts sag.

Ich weiß, dass du es hasst,
wenn ich nichts sag.

Seh viel zu spät,
wenn es nicht reicht.
Wenn ich nicht reiche.
Und dass ich dich damit enttäusche.

Und ich hasse mich,
wenn ich dich enttäusche.

Kostet Fragen nichts,
weil so viele Antworten
wertlos sind?

Zeichenfrage

Sag mir, was wir hier tun.
Sag mir, wohin das führt.
Bitte sag mir, dass du es weißt.
Denn ich tue es nicht.

Ich habe Angst.
Dass wir uns verlieren.
Fast wie einfach so.
Und nichtmal wirklich wissen, warum.

Chance

Bleib da, wo du bist,
komm nicht zurück.
Denn ohne dich?
Hab ich vielleicht wieder
eine Chance auf das Glück.

Verhängnisvoll, vielleicht

Dich zu mögen fühlt sich an wie
mit diesen einem Jungen zu gehen,
den die Eltern für schlechten Einfluss halten.

Von dem man versehentlich schwanger wird.
Und der einen verlässt,
sobald er davon erfährt.

Der einem das Herz bricht,
sobald er eine trifft,
die schöner oder klüger ist.

Den man heimlich küsst,
wenn keiner hinschaut,
dem man wichtig ist.

Und immer dieser Satz in deinem Kopf:
„Ich hab es dir doch gesagt!"
Man weiß selbst, dass es so kommen wird.

Trotzdem hofft man,
dass man Unrecht haben wird.
Dass sie alle Unrecht hatten.

Wirrweg

Und ich frag mich,
ob du dich manchmal fragst,
wohin du eigentlich willst.

Ob du schon gesehen hast,
dass dir eigentlich ein Weg fehlt.
Und ganz besonders das Ziel.

Und ich frag mich, ob ich dir folgen will
auf deiner wirren Reise.
Irrweg. Hauptsache irgendein Weg.

Oder ob du die Kurven
erstmal alleine suchen solltest.
Damit ich mich nicht verlaufe.
Damit wenigstens ich noch da bin.

Du lässt mir ja keine Zeit,
auf die Karte zu gucken
oder dich aufzuhalten.

Oder gehen wir besser
beide zusammen verloren?

Mit dir im Flugmodus

Ich will mit dir im Flugmodus sein.
Und zwar ganz und gar
im doppelten Wortsinn.

Fliegen. Klischeehaft auf
Wolke sieben.
Wer ist schon
mit Wolke 4 zufrieden?

Und dabei alles um
uns herum ausschalten.

Als würde man einen
unsichtbaren Knopf betätigen,
der uns in eine davonschwebende
Luftblase einhüllt.

Deine Nachrichten sind mir
die schönste Fernwärme.

Neustart

Feierabend? Nicht in meinem Kopf!
Nur laut der Liste, in die ich eintrage,
wieviel Zeit ich mit was verbracht habe.
Mails, Termine, der tägliche Wahnsinn -
ein Leben im Wahn, doch wo ist der Sinn hin?

Überstunden, ich habe die Stunden über,
in denen ich vor dem PC sitze,
angestrengt plane und schwitze,
dass alles passt für den nächsten Termin,
mir den Kopf zerbreche, ob ich gut genug bin.

Kollegenkreis, es läuft alles rund,
damit mein ich den Tratsch,
mal spannend meist dämlich,
selten sachlich, aber immer persönlich,
Erst total nett, kurz darauf voll am lästern,
Wollt ihr mir sagen, ihr wisst es nicht besser?

Arbeitsplatz, ich platze vor Arbeit,
sie scheint in jedem Muskel zu kleben.
„Es ist doch nur Arbeit – es ist nicht dein Leben!"
„Das sagst du so leicht – du steckst da nicht drin!
Hast keinen Plan, wie perfektionistisch ich bin."

Webseite, pack das Netz jetzt beiseite.
Befrei mich aus dem Wirrwarr an Fäden,
versuch klar zu denken, zieh den Stecker daneben.
Geh nochmal auf Neustart, nochmal von vorn.
Jetzt hab ich's verstanden, wird's nun besser
ab morgen?

Situationsromantik

Manchmal möchte ich ihn berühren.
Meine Finger auf seiner zarten Haut.
Wie sie sich wie von selber führen.

Fühlt sich wie betrunken sein an.
Wie eine nicht enden wollende Partynacht.
Wie Riesenrad fahren mit Glühwein in der Hand.

Vielleicht steigere ich mich rein
in dieses verspielte Gefühl.

Doch ich liebe diese Wärme,
die meinen Körper durchströmt,
wenn er seinen Kopf an meine Schulter lehnt.

Wenn er meine Hand nimmt,
weil ich das Auto nicht kommen sehe.
Wie die Zeit verrinnt, wenn ich neben ihm stehe.

Jeder Gedanke an dich ist mir
ein inneres Fallschirmspringen.

Jeanne

Du hast mich voll in deiner kleinen Hand
mit deinen blonden Löckchen.
Engelsgleich scheinst du und
bist so teufelsähnlich.

Du malst an die weiße Wand,
mit deinen bunten Wachsstiften
und summst vor dich hin, gedankenverloren,
Weil du doch üben musst,
murmelst du.

Du stehst trotzig vor deiner Kommode,
verschränkst die Arme, ziehst ne Schnute
und willst das Blumenkleid nicht anziehen.
Weil deine Schwester das auch nicht muss,
grummelst du.

Du schmeißt dein Essen auf den Boden,
dein zartes Gesicht glüht,
und du hasst, was ich dir gekocht habe.
Weil du eben nicht willst,
fluchst du.

Und abends liegst du müde in deinem Bettchen.
Du, mit deinen blonden Löckchen,
so engelsgleich, du sagst mir:
„Weißt du eigentlich, wie schön du bist?"
und jetzt, jetzt erst recht, hast du
mich voll in deiner kleinen Hand.

Mit ohne, bitte!

Hab immer gedacht, ich brauche dich.
Doch das stimmt so nicht.
Bin vielleicht sogar besser ohne dich
und dann so ganz und gar ich.

Kann höher springen,
weil du mich nicht mehr hältst.
Und wenn ich fall, dann
fang ich mich selber auf.

Werde weiter laufen, denn
ich fühl mich jetzt leichter.
Und komme an Zielen zum Stehen,
die ich mir ab jetzt selber setze.

Hab immer gedacht, ich brauche dich.
Doch das stimmt so nicht.
Bin ganz sicher besser ohne dich,
Hab ja immer noch mich.
Hab lieber nur mich.

Klarsicht-Hülle

Ich will mich nicht mehr neblig fühlen,
ich will ne klare Sicht.
Ab jetzt möchte ich alles wollen,
und das lassen, was nicht.

Weißt du noch?

Die Worte fliegen wie fröhliche Vögel
federleicht um unsere Köpfe.
Ich werfe die Haare zurück
und du einen Blick auf mich.

Wir sitzen locker und reden doch nur,
die Arme um die Knie verschränkt.
Die Erinnerungen gehen Hand in Hand ins Kino,
es läuft die Story unserer Jugend.

Küss mich,
nur ein einziges Mal.
Damit ich wieder weiß,
wie sich ein Filmstar fühlt.

Abseits

Die Wahrheit ist
nicht immer offensichtlich.
Meist tanzt sie abseits
des Scheinwerferlichts,
dreht zwischen den Zeilen
ihre Pirouetten.

Vielleicht ist nie besser

Ich will nicht ankommen, nie aussteigen,
noch nicht nach Hause.
Will weiter durch unsere bunte Realität fahren.
Stundenlang mit fröhlichem Geschnatter
und sanfter Musik.

Im Stau stehen.
Durchs Dachfenster in die Sterne gucken,
während alles um uns rum flucht.
Es ist einer dieser
vielzähligen Augenblicke.

Dieser Film soll nie enden, die Nacht nie beginnen.
Der Mond nie aufgehen
und den nächsten Tag vorbereiten.
Nur ewig dieser eine Abend.
Für alle Ewigkeit wir zwei.

Du hältst fest an meiner Schulter
über so viele lock're Stunden,
als könnte ich aufspringen und alles zerstören.
Gib mir mehr jener
schnellfliegender Sekunden.

Du sagst, es ist schon beachtlich,
wie wir uns verstehen.

Eine besonders persönliche Beziehung,
sagen andere.

Ein nicht greifbares, undefinierbares Gewirr
aus Gefühltem, sage ich.

Vielleicht werden wir es bald wissen.
Aber vielleicht ist nie noch besser.

Zweifelhaft

Zwanzig zurückliegend
zeitweise zu zweit, nun
zweiteilig zusammen.
Inzwischen zweifelsfrei
zauberhafte Zweisamkeit.

Zaungast im Bauzaunland:
Zeitweilig zögernd, verzweifelt,
in Zweifelhaft genommen.
Zukunftsangst? Zugzwang?
Zeiger auf Zweifelzeit.

Verzwickter Zwiespalt.
Zeitlassend zaghaft
Zweifelzwiebelschichten
zersetzen, zerstören.

Zukunft, zielgerichtet, zeitnah
Zusammenziehen zelebrieren.
Zwanzigzweiundzwanzig.

Segel setzen

Mein Leben ist ein Boot
mit Planken aus Erfahrungen.
Einige stabiler als andere.
Jederzeit zu neuen Horizonten aufbrechen
oder im beschaulichen Hafen ankern.
Auch im wütenden Sturm verharren.
Es liegt bei mir.
Und ein bisschen am Wind.

Zielreise

„Diese Zugfahrt endet dort.
Wir bitten alle Fahrgäste auszusteigen."
Eine Zugfahrt namens Leben.

Wird mein Dort ein Dorf sein
mit einem winzigen Bahnhof
oder erwartet mich eine große Stadt?

Will ich aussteigen?
Kann ich auch sitzen bleiben
und wieder mit zurückfahren,
wenn mir das Dort nicht gefällt?

Werde ich es bereuen,
nicht eher ausgestiegen zu sein?
Noch woanders hin?
Wird sich am Ende sogar herausstellen,
dass das Fahren viel schöner war
als das Ankommen es je sein kann?

Ich gedankenverliere
mich so gern in uns.

Weilenweit

Du zarter Puder
tauchst die Welt
in zerbrechliche Stille,
betäubst die Zeit.

Für eine Weile
– viel zu kurz –
frierst du alle Sorgen ein,
sind sie weilenweit entfernt.

Wer nicht ganz ist,
hat Platz für Neues.

Gute Frage

Warum deckt sich das,
was ich eigentlich gerne machen möchte,
so oft mit dem,
was ich lieber bleiben lassen sollte?

Lass uns mal den
Glückwärtsgang
einlegen.

Dieses Teenagerherz

Mein Herz ist erst 14.
Es knallt gerne Türen
und ist schlecht gelaunt.
Oftmals ist es trotzig,
fasst nicht leicht Vertrauen.

Manchmal macht es seine Tür zu
und schließt sogar ab.
Kommt keiner rein.
Es sei denn, er hat ein Stück Pizza dabei
und sagt ihm eindringlich,
es könne es ganz für sich alleine haben.

Manchmal aber nimmt es nur wortlos
das Stück Pizza
und macht die Tür wieder zu.
Ich ermahne es, doch freundlicher zu sein,
aber es will nicht.
Wie ein Teenager eben
– an seinen guten Tagen.

Zweit

Gib mir Zeit zu träumen
und ich träume
von Zeit zu Zeit
von Zeit zu zweit.

Besser nichts

Es gibt nichts Gutes außer man tut es.
Aber hier bleibt das Gute nur,
wenn ich nichts tue.
Wenn ich dir nichts an den Kopf werfe.
Niemand tut das.
Denn das macht alles noch viel schlimmer.

Ab und an
schließt Musik
diese kleine Lücke
in meinem Herzen.

Sommertagstraum

Am Strand im Sand sitzen,
die Sonne färbt den Himmel rosa.
Die Füße in die Steinchen graben,
immer weiter,
bis die Zehen sich berühren.

Im selbst ausgebauten Bulli
auf der Matratze schlafen
bei leicht geöffnetem Fenster.
Die süße Nachtluft inhalieren,
mit jedem Atemzug,
bis das frühe Sonnenlicht
beide Augenpaare weckt.

Bei Regen durch die Landschaft brettern,
der Scheibenwischer presst
alle Sorgen beiseite.
Im Radio der Lieblingssong,
immer lauter,
bis beide Herzen
mit dem Takt hüpfen.

Carbonara vom Gaskocher essen,
der Blick auf den See,
diese sanfte Kulisse.
Dem Zwitschern der Vögel lauschen,
das langsam verstummt,
bis tiefe Zufriedenheit
alles lautlos verbindet.

Wortlos

Ich finde es schade, dass ich niemals
jemandem zu 100 % werde erklären können,
wie ich mich fühle und was ich denke.

Weil ich keine richtigen Worte finde.
Weil niemand empfinden kann, was ich empfinde.
Weil niemand alles jederzeit über mich wissen kann.

Obwohl das ja eigentlich auch gut ist.

Haltung bewahren

Und manchmal gleicht das Leben
einem überdimensional langen Ausritt,
bei dem man verzweifelt versucht,
die Zügel in der Hand zu halten.

Mit dir

Mit dir möchte ich kochen und essen
und das Gefühl haben,
dich aufessen zu wollen,
weil ich dich so gern hab.

Ich möchte für dich meine
schönsten Sommerkleider tragen,
möchte, dass du mich
in meinem Sommerkleid trägst
und dass allein mein Sommerkleid mich trägt,
wenn ich an dich denke.

Ich möchte mit dir
lange Spaziergänge machen,
mich mit dir auf den Weg machen,
wohin ist egal.
Ich möchte, dass wir gemeinsam
immer nach vorn gehen.

Von dir möchte ich weich gebettet,
aber nicht in Watte gepackt werden.
Ich möchte, dass du dich neben mich legst
und dass auch der Sturm in mir sich legt,
wenn ich dich neben mir spüre.

Ich möchte mit dir zusammen sein,
nur mit dir allein,
mit dir zusammen allein
und auch mal allein allein sein
weil ich das kann,
wenn ich weiß,
dass ich mit dir im Herzen
nie einsam bin.

Berechnung

Du tust so beiläufig.
Wie du neben mir schlenderst.

Du tust so unschuldig.
Und doch berührt deine meine Hand
mit aller Intention. Herausfordernd.

Du tust so ahnungslos.
Doch du weißt es.
Vielleicht schon länger als ich selbst es tue.

Den Weg zu sich selbst
findet man in dem Moment,
in dem es sich anfühlt,
als sei es andersherum.

Von Supergeräten und Haushaltshelden

Manchmal wäre ich gern dein Ventilator,
sodass sich deine negativen Gedanken
in Luft auflösen, wenn du bei mir bist.

Manchmal wäre ich gern dein Terminator,
der dir hilft, mit Dingen abzuschließen
und Platz für neue zu schaffen.

Manchmal wäre ich gern dein Transformator,
damit ich deine Zweifel
in Optimismus umkehren kann.

Manchmal wäre ich gern dein Inkubator,
würde dir so lange Mut zusprechen,
bis du entschlossen bist.

Manchmal wäre ich gern dein Instruktor,
um dir zu sagen, was zu tun ist,
wenn du es selbst nicht weißt.

Aber vielleicht bin ich auch einfach dein Äquator,
deine Mitte. Und vielleicht reicht das.

Für dich

Ich wünsch dir ein Jahr,
das dich bereichert.
Dass du aus Schwere lernst,
aber es hauptsächlich leicht hast.

Dass alles in deinem Leben sein Reich hat,
und dass du deinen Platz darin findest,
was am Ende alles erleichtert.

Aber auch, dass du
ab und zu für mich Zeit hast,
weil du damit auch mein Leben
so reich machst.

Ich wünsch dir Freude und Glück
– von all dem ein Stück.
Und immer wieder Neugier
auf all das Neue und auf das Hier.

Sanduhr

Zeit verrinnt wie
Sand aus meiner Hand,
fließt Steinchen auf Steinchen
zu einer Burg in der Brandung.
Kommt Zeit, kommen Wellen,
fließt Steinchen um Steinchen
zurück ins Meer.

Flut

Fühle Ebbe.
Und denke daran:
Mit jeder neuen Welle
kommt die Flut.

Weiß nicht, was kommt,
sondern gerade nur,
was geht. Und ahne,
was bleibt.

Weil jetzt nie
für immer ist. Und gleich
auch wieder nur
ein Moment sein wird.

Setze Segel in den
Wind des Aufbruchs
Frische, unendliche Luft
kitzelt meine Nase.

Und ich kann
endlich wieder atmen.

Male neue Träume in den Sand,
segle durch die Gezeiten.
Und schaue, was die Flut
mir leserlich lässt.

Wahl der Wolken

Ich liege im Bett und schaue aus dem Fenster.
Sehe die Wolken ziehen.
Von West nach Ost.

Ich frage mich, wohin sie zögen,
wäre da kein Wind.

Würden sie sich aussuchen, wohin,
wenn sie nichts mehr
über das Himmelszelt triebe?

Wo würden sie es regnen lassen?
Wo würden sie wachsen?
Wo lösen sie sich auf?

Und dann fällt mir ein,
dass es sie nicht gäbe
ohne den Wind und dass
alles immer zusammenhängt.

Ich falle nicht aus

dem Rahmen.

Ich springe - mit Anlauf.

Storytelling

Ich fühle mich nur wie ein
Bild in eurer Story.

Als würdet ihr diesen
Moment der Gegenwart nur
konstruieren, damit er sofortig
zu einem schillernden Bestandteil
eurer Vergangenheit wird.
In eurer digitalen Timeline.

Ohne Zeit zu werden oder zu sein
und ohne dass ihr ihn wirklich spürt.
Und doch denkt ihr danach,
ihn gelebt zu haben.

Ein Theaterstück auf einer
allzu schnell vergangenen
Sekunden-Bühne.
Das inszenierte Hier und Jetzt.

Vorhang auf! Ein freier Blick
auf so vieles. Allzu schnell.
Ohne jene tiefergehende Betrachtung
dessen, was wirklich ist.

Ein schöner Moment kann
nicht für ewig sein,
doch es bleibt für immer
das gute Gefühl.

Leben im Konjunktiv

Ich lebe ein Leben
im Konjunktiv.

Würd mir gern mehr Ziele setzen.
Und auch mal, um sie nicht
wieder zu verwerfen.

Mein Dasein ist
ein Eventuell.

Wenn ich könnte,
würde ich bestimmt.
Und wenn ich müsste,
hätte ich's schon getan.

Komm, mach aus meinem
Können, Wollen und Möchten
ein Müssen.
Damit ich tue,
was ich will.

Ich will kein Marmeladenglas.

Ich will eine ganze Badewanne

voller schöner Momente,

in denen ich baden kann.

Fernweh

Ich möcht an schönen Orten sein,
süße Düfte schnuppern,
an Weingläsern nippen
und Freude verschütten.

Sonnenstrahlen zählen,
Haare im Wind wehen lassen.
Möcht in Gedanken reisen
auf dem Weg, den
die Wolken mir weisen.

Ich will lesen, auch mal wieder
zwischen meinen eigenen Zeilen.
Und Bücher aufschlagen,
die ich lange vergaß.

Und dann – danach –
ein neues Kapitel schreiben.

Reisen erlaubt es uns,

im Unwetter des Alltags

für kurze Zeit einen

Regenschirm aufzuspannen.

Schmerz

Ich kann nicht wissen,
welchen Schmerz du erleidest.
Ihn nicht fühlen.

Alles, was ich weiß, ist,
dass ich nicht möchte,
dass du ihn spüren musst.

Würde es dir gerne ersparen,
aber das kann ich nicht.
Das kann niemand.

Weil das Schicksal es eben so meinte,
wie es passiert ist.
Aus unergründlichen Gründen.

Oder auch aus keinen.

So lange gekämpft und am Ende
hat es doch nicht gereicht.
Nicht bis zum Sieg und vielleicht
nicht mal bis ganz nah dran.

Genau weiß ich es nicht.
Und will es auch nicht erfragen.

Alles, was ich weiß, ist,
dass ich nicht möchte,
dass du diesen Schmerz spüren musst.

Würde ihn dir gerne abnehmen,
aber das kann weder ich
noch sonst irgendjemand.

Aber vielleicht macht es dich schon leichter,
zu wissen,
dass wir dir die Last nehmen würden,
wenn wir es könnten.

An meine Eltern

Ihr seid die Werft,
die mich mal gebaut hat.
Mit all meinen Kanten und
mit dem, was ich drauf hab.

Wenn ich zu euch komm,
bin ich hauptsächlich dankbar,
denn hier beginnt meine Story,
die hauptsächlich schön war.

Danke für alles, was war.
Danke für das, was noch kommen mag.

Ihr seid so
meineweltbewegend.